CON TODO LO QUE SOY

12 LECCIONES MULTISENSORIALES PARA EXPERIMENTAR LA BIBLIA

ESTEBAN SOLÍS Y CRISTINA ACUÑA DE SOLÍS
CON LA COLABORACIÓN DE ISAAC GONZALO

e625.com

e625.com

CON TODO LO QUE SOY
Esteban Solís y Cris Acuña

Publicada por especialidades625® © 2018
Dallas, Texas Estados Unidos de América.

ISBN 978-1-946707-13-0

Todas las citas Bíblicas son de la Nueva Biblia al Día (NBD).
Editado por: Maria Gallardo
Diseño de portada e interior: Creatorstudio.net

ÍNDICE

Agradecemos a Isaac Gonzales sin quien
estas lecciones no tendrían su gusto.
A nuestros padres por traernos a la vida
y a nuestros hijos por llenarnos de vida;
y a toda la familia del Centro Evangelístico.
¡Gracias Dios por el privilegio de conocerte
y servirte con todo lo que somos!

PRESENTACIÓN

PRESENTACIÓN

A Dios le gusta la poesía, le importa la arquitectura, pinta cuadros en las tardes y es el mejor compositor del universo. Caminemos por las selvas tropicales de Costa Rica, toquemos con los pies el turquesa del mar caribe, exploremos los volcanes de Hawái, los fiordos de los países nórdicos o presenciemos el quiebre de témpanos de los glaciares del sur de la Argentina en primavera y se hará muy difícil que no quedemos conmovidos por una experiencia multisensorial. Al ser personas de fe, quedaremos convencidos de que la creación es un claro testimonio de que a Dios le pareció vital comunicar su poder y su belleza para que los percibamos con todos los sentidos que él mismo depositó en nosotros.

Por esta razón me preocupa que solo comuniquemos el evangelio de manera auditiva y perdamos el poder de comunicar la revelación de Dios de manera multisensorial. El registro legible de la identidad, los planes y la historia de la gracia de Dios que llamamos la Biblia está lleno de poesía y principios que podemos asimilar mejor cuando utilizamos todos nuestros sentidos.

En un sentido personal, no siempre me atrajeron la biología y la astronomía, pero cada día que pasa las encuentro un poco más asombrosas porque una me delata que a Dios le importa lo pequeño y la otra me deja en claro que él es capaz de realidades exuberantemente grandes. Que hay melodía en las estrellas al igual que en las abejas y que la biodiversidad de esta tierra tiene gamas de colores, diseños complejos y texturas solo comparables al diseño de las galaxias más lejanas y por eso me entusiasma tanto este material.

Sus autores trabajaron para acercarnos principios de la revelación de Dios enseñables de manera multisensorial. Lecciones bíblicas extraordinarias que no son solo para escuchar, sino que podemos experimentar participando, saboreando y palpando.

A estas ideas las debes adaptar a tu público, claro, pero te desafío y animo a prepararlas con mucho detalle para sacarles su jugo al máximo y sean experiencias inolvidables para esas personas valiosas que Dios puso a tu cargo.

Gracias Esteban y Cris por regalarnos estas lecciones experimentales de la Biblia para que aprendamos a amar más a Dios con todo lo que somos.

Dr. Lucas Leys
Fundador de e625.com

PLAY

PLAY

"...Oye, Israel. El Señor nuestro Dios es el único Señor—contestó Jesús—. Ama al Señor tu Dios con todo tu corazón, con toda tu alma, con toda tu mente y con todas tus fuerzas"
Marcos 12.29-30

Este conocido pasaje fue la respuesta de Jesús cuando le preguntaron cuál era el mandamiento más importante de todos. Al hablar de "corazón, alma, mente y fuerzas", Jesús estaba usando una forma hebrea para referirse a la suma total de una persona, con todo lo que Dios la ha creado.

Y es que nuestro Creador espera que nosotros le busquemos con **todo** lo que somos. Esto incluye también la manera en la que nos acercamos a su Palabra. Por mucho tiempo, el cristianismo ha sobreenfatizado la mente y el espíritu, fomentando el creer en lo correcto para la salvación de una parte misteriosa del ser humano. Parece que se nos hubiera olvidado que Jesús murió por seres **completos.** ¡Jesús murió también por nuestros cuerpos! Por eso en 1 Corintios 6.19-20 Pablo nos recuerda: *"...fueron comprados por precio... honren a Dios con sus cuerpos"*, y en Romanos 12.1: *"... cada uno de ustedes en adoración espiritual, ofrezca su cuerpo como sacrificio vivo, santo y agradable a Dios"*.

En un tiempo en el cual el mundo virtual nos aleja de la posibilidad de experimentar la creación "de primera mano", Dios está recordándole a su Iglesia una doctrina fundamental: la encarnación. ¡La idea de que Dios se hizo carne nos debe llamar a reconectarnos con la forma en la que fuimos creados!

Piénsalo por un momento. Los sentidos son esos mecanismos que Dios diseñó y colocó en los seres humanos para que fuésemos capaces de percibir de distintas formas el universo que Él creó. ¡Un mundo lleno de colores, texturas, sonidos, aromas y sabores! Los sentidos son poderosos. Pueden llenarnos de luz, alegría o esperanza, o, por el contrario, provocarnos temor o asco. Pueden hacer que queramos acercarnos a determinadas cosas (por ejemplo, a una sandía, o al sexo opuesto) y alejarnos de otras (como una comida en descomposición, o un animal venenoso). ¡Los sentidos son realmente una maravilla! Y si prestamos atención, nos daremos cuenta de que la Palabra de Dios está diseñada para hacer uso de **cada uno de ellos.** ¡Sí! ¡Así como el mundo, el texto bíblico también está saturado de colores, texturas, sonidos, aromas y sabores diferentes!

PIÉNSALO POR UN MOMENTO. LOS SENTIDOS SON ESOS MECANISMOS QUE DIOS DISEÑÓ Y COLOCÓ EN LOS SERES HUMANOS PARA QUE FUÉSEMOS CAPACES DE PERCIBIR DE DISTINTAS FORMAS EL UNIVERSO QUE ÉL CREÓ.

Ahora bien, ¿cuánto utilizamos cada uno de nuestros sentidos? El diseñador industrial Jinsop Lee emplea un instrumento muy sencillo para medir el uso de los sentidos que involucran sus diseños. Se trata de una simple tabla en la que se califica el estímulo sensorial que se obtiene de cada uno de ellos.[1] La máxima experiencia sensorial, entonces, se vería como algo así:

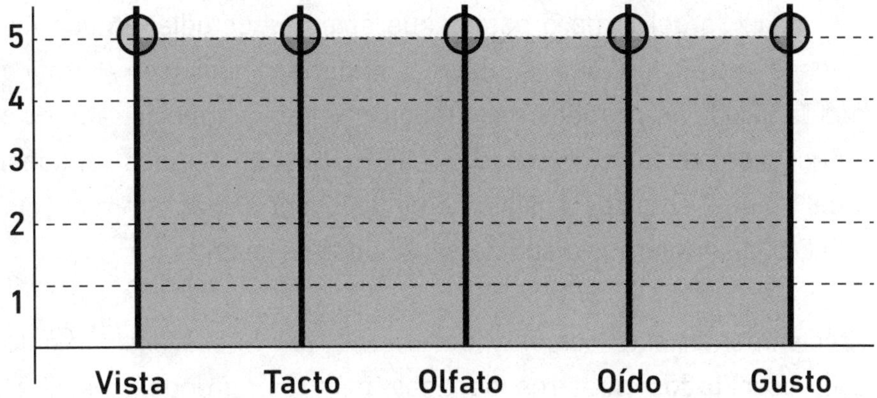

Lógicamente, pocas experiencias en la vida se acercan a esto, y es fácil concluir que una experiencia con tantísimo estímulo tampoco sería la ideal para el aprendizaje. Sin embargo, la típica experiencia de los jóvenes en cualquiera de nuestras iglesias posiblemente daría un resultado muy similar al que Lee obtiene al analizar las charlas TED (y esto si somos muy generosos al calificar la calidad del estímulo visual y auditivo que ofrecemos en las iglesias). El gráfico luciría más o menos así:

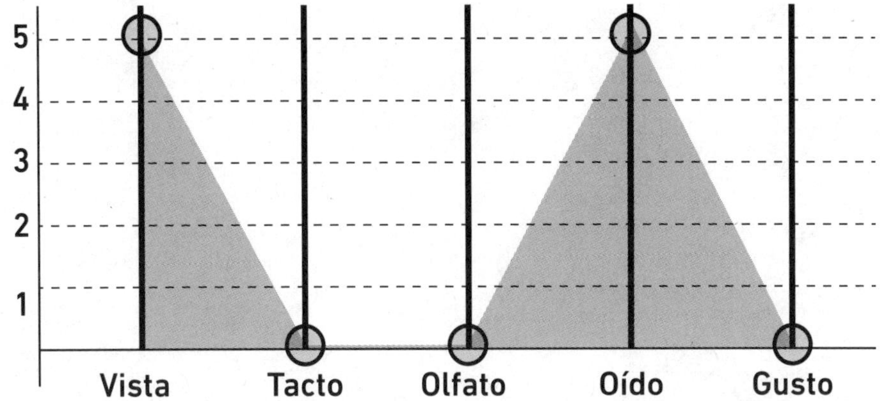

1 -Jinsop Lee https://www.ted.com/talks/jinsop_lee_design_for_all_5_senses#t-177309

Y aquí hemos llegado a la idea que motivó este libro: Si la Biblia está llena de estímulos sensoriales en sus historias, tal vez deberíamos buscar que nuestras enseñanzas arrojaran gráficos diferentes dependiendo del tema o pasaje que estemos estudiando con los jóvenes, ¿no es así? Piénsalo. La más mínima variación en el gráfico podría producir grandes resultados. ¡Si tan solo hiciéramos el ejercicio de pensar en cómo lograr un 3 o un 4 en algunos sentidos, y un 1 o un 2 en otros, posiblemente las experiencias con respecto a la Biblia serían muy distintas para nuestros jóvenes!

Precisamente, este conjunto de enseñanzas busca exactamente eso: usar **todos** nuestros sentidos para comprender mejor el mensaje Bíblico. Lo que deseamos es rendirnos con devoción, y con **todo** lo que somos, al Dios detrás de cada palabra inspirada.

LECCIÓN 1:

AMANDO A DIOS CON TODO

"Uno de los maestros de la ley se acercó y los oyó discutiendo. Al ver lo bien que Jesús les había contestado, le preguntó:
—De todos los mandamientos, ¿cuál es el más importante?
—El más importante es: 'Oye, Israel. El Señor nuestro Dios es el único Señor —contestó Jesús—. Ama al Señor tu Dios con todo tu corazón, con toda tu alma, con toda tu mente y con todas tus fuerzas.' El segundo es: 'Ama a tu prójimo como a ti mismo.' No hay otro mandamiento más importante que éstos.
—Bien dicho, Maestro —respondió el hombre—. Tienes razón al decir que Dios es uno solo y que no hay otro fuera de él. Amarlo con todo el corazón, con todo el entendimiento y con todas las fuerzas, y amar al prójimo como a uno mismo, es más importante que todos los holocaustos y sacrificios.
Al ver Jesús que había respondido con inteligencia, le dijo:
—No estás lejos del reino de Dios.
Y desde entonces nadie se atrevió a hacerle más preguntas."
Marcos 12.28-34

ENSEÑANZA

Un experto en la ley decide hacerle un examen a Jesús, y le pregunta: *"¿Cuál es el mandamiento más importante de todos?"* Si tomamos en cuenta que la ley hebrea contenía miles de mandatos, podemos entender que esta no era una pregunta muy sencilla de responder.

La ley contenía instrucciones sobre qué comer y qué no, qué hacer si se tenía una enfermedad en la piel, cómo sembrar un campo, cómo presentar una ofrenda a Dios, y muchísimas otras cosas. Lo que Jesús respondiera podía producir una discusión acalorada que durara horas...

Sin embargo, Jesús responde citando Deuteronomio 6.5, en donde se reduce todo a una acción concreta (amar a Dios), seguida de una lista de especificaciones (con el corazón, el alma, la mente y las fuerzas). Esta no es sino la forma hebrea de decir *"ama a Dios con todo"*. Este es el mandamiento más importante. Al cumplir este (junto con el segundo más importante, que es amar al prójimo), se cumplen todos los demás.

Vemos en el texto que el experto de la ley aprueba la respuesta de Jesús (¡y esta es quizás la única vez en la que uno de los líderes religiosos le da abiertamente la razón!), por lo que Jesús le dice que no estaba lejos del Reino de Dios.

Algunas lecciones de este pasaje:

1. Lo que amamos siempre tendrá el lugar más importante en nuestra vida, y por lo tanto nos moldeará e influirá sobre todo lo que somos.

2. Fuimos creados como seres completos, por lo tanto, nuestro amor por Dios jamás debe separarse de nuestro cuerpo, mente, emociones, palabras y relaciones. ¡Dios quiere verse reflejado en cada área de nuestra vida!

Preguntas de reflexión:

- Si no sientes amor por Dios, ¿qué puedes hacer?
- Si sientes amor por Dios, ¿cómo puedes reflejar mejor ese amor?

Mis Notas:

____

____

____

____

____

ACTIVIDAD: EL ROMPECABEZAS

Materiales

- Rollos largos y anchos de papel tipo kraft o de periódico.
- Marcadores de diferentes colores. (Podrías además agregar tizas o crayones para decorar lo que hagan.)
- Varias tijeras.
- Un premio sencillo, como confites o chocolates.

Instrucciones

1. Divide la clase en grupos de 3 o 4 personas.

2. Entrega a cada grupo un marcador y un pliego de papel del tamaño de una persona.

3. Cada grupo deberá usar a uno de sus integrantes como "molde" y formará una figura humana en el papel. (Pueden emplear las tizas o crayones para decorar la figura.)

--- Puedes hacer estos primeros 3 pasos antes de empezar a enseñar. Cuando llegues al paso 3, enseña todo excepto la sección titulada "Algunas lecciones de este pasaje." ---

4. Cada grupo intercambiará su figura con otro grupo.

5. Los equipos cortarán en pedazos la figura que recibieron.

--- Enseña ahora la sección "Algunas lecciones de este pasaje". Luego de que los grupos hayan cortado las figuras que recibieron, asocia esto con la idea de que Dios no espera que lo amemos solo con una parte de nuestro ser, sino que Él espera todo. ---

6. Mezclarán todas piezas en el centro del salón.

7. El primer grupo que logre armar el rompecabezas que dibujó, será el ganador.

8. Se le entregará el premio al grupo ganador.

--- Cierra con las preguntas de reflexión. ---

NOTAS DEL CAPÍTULO 1

LECCIÓN 2:

MARAVILLOSO ARTE DIVINO

"Tú creaste mis entrañas; me formaste en el vientre de mi madre. ¡Te alabo porque soy una creación admirable! ¡Tus obras son maravillosas, y esto lo sé muy bien! Mis huesos no te fueron desconocidos cuando en lo más recóndito era yo formado, cuando en lo más profundo de la tierra era yo entretejido. Tus ojos vieron mi cuerpo en gestación: todo estaba ya escrito en tu libro; todos mis días se estaban diseñando, aunque no existía uno solo de ellos."

Salmo 139.13-16

ENSEÑANZA

¿Te has preguntado alguna vez cómo fue que llegaste a este mundo? Bueno, sí, esto involucró a tu papá y tu mamá... Pero más allá de ellos, ¡tú fuiste una idea de Dios! Él te pensó y se tomó el tiempo para formarte, diseñarte y darte vida, con todo lo que te caracteriza. Eso quiere decir que eres una obra de la creación de Dios. ¡Eres arte divino!

Todos lo somos, y el Rey David (el responsable de este Salmo) lo sabía muy bien y por eso fue que escribió: *"¡Tus obras son maravillosas...!"* ¿Acaso David se estaba refiriendo a él mismo como una obra maravillosa? Tal vez estés pensando: *"¡Vaya, qué buena autoestima la del rey!"* Es que, en realidad, más que una buena autoestima, lo que sucedía era que él estaba seguro de que no había sido producto de la casualidad. Él sabía que había sido pensado, creado y amado por el Padre, incluso desde antes de nacer.

Si te fijas bien, esa misma palabra *"maravillosas"* se utiliza todo a lo largo de la Biblia para describir las obras o actos de Dios a favor de la humanidad. También este pasaje define la creación de cada persona como algo *"admirable"*. ¡Y lo es!

En Génesis 1.27 leemos *"Y Dios creó al ser humano a su imagen; lo creó a imagen de Dios. Hombre y mujer los creó"*. ¡El Creador del universo nos hizo a imagen suya! Esto no quiere decir que seamos iguales a Dios en nuestra apariencia física, sino que moral y espiritualmente somos parecidos a Él, y capaces de desarrollar una relación con El. También quiere decir que nosotros podemos mostrar esa imagen y esa identidad cuando nos relacionamos con otros, de manera que otros puedan ver a través nuestro quién es Dios y cómo es Él.

Dios se ha involucrado en nuestras vidas desde el principio. Por esto, debemos entender que nadie nos conoce mejor que Dios, nuestro Creador. ¡Y nadie nos ama más que Él! Como dice el Salmo 139, Él nos conoce, somos obra de sus manos, y Él permanece cerca nuestro recordándonos de dónde venimos y dándonos identidad. ¡Venimos de Dios, nuestro Creador! ¡Que el mundo pueda ver esta verdad en nuestras vidas!

Algunas lecciones de este pasaje:

1. El origen de nuestra identidad está en Dios, pues fuimos pensados y creados por Él.
2. Somos capaces de desarrollar una relación con Dios, y una relación con los demás que muestre a Dios, porque fuimos creados a su semejanza.

Preguntas de reflexión:

- ¿De qué maneras puedes ver que Dios estuvo involucrado en tu vida desde el principio?
- Al relacionarte con otros, ¿en qué maneras muestras tú la imagen de Dios?

Mis Notas:

ACTIVIDAD: ESCULTORES

Materiales

- Arcilla.
- Agua.
- Recipientes.
- Servilletas o toallas.

Instrucciones:

1. Cada participante recibirá un recipiente, una porción de arcilla, agua y servilletas o toallas.

--- Puedes hacer este primer paso antes de empezar a enseñar. Luego enseña todo excepto la sección titulada "Algunas lecciones de este pasaje". ---

2. Cada participante mezclará la arcilla y el agua a su gusto hasta obtener la textura deseada.
3. Cada participante deberá formar la figura que guste. Desde figuras abstractas hasta figuras humanas, cada uno puede utilizar su creatividad para modelar su propia creación.

--- Enseña la sección "Algunas lecciones de este pasaje". A continuación, cada participante explicará qué figura hizo, en qué se inspiró, y si es un objeto, cuál es su utilidad. ---

--- Cierra con las preguntas de reflexión. ---

NOTAS DEL CAPÍTULO 2

LECCIÓN 3:

¿QUÉ SABOR TIENE SU PALABRA?

"¡Cuán dulces son a mi paladar tus palabras!
¡Son más dulces que la miel a mi boca!"
Salmo 119.103

ENSEÑANZA

¿Cuántas veces nos hubiera gustado escuchar a Dios hablándonos con voz de trueno como lo hizo con Moisés en el Sinaí? ¿O llamándonos de noche como a Samuel? Todos hemos querido alguna vez poder escuchar audiblemente la voz de Dios, o que al menos nos susurre unas palabras, las que jamás podríamos olvidar. Sin embargo, en este salmo David nos enseña algo mucho más importante, aunque pareciera un tanto extraño. ¡Nos habla de saborear sus palabras!

¿Tienes idea de cómo saborear una palabra? Bueno, muchas veces sentimos que lo que leemos en la palabra de Dios no nos dice nada. En ocasiones hasta nos hemos quedado dormidos leyendo un pasaje largo o alguna genealogía. Sin embargo, aquí David nos da la clave: para disfrutar de su Palabra, no debemos solamente oírla o leerla, sino también saborearla. Esto implica analizarla, meditar en ella, y disfrutar de la dulzura con que Dios, desde Génesis hasta Apocalipsis, busca revelarse a nosotros, fortalecernos, darnos armas, alumbrarnos el camino, ser medicina a nuestros huesos, cambiar nuestra mentalidad y conducta, ser manantial de paz, y alimentarnos espiritualmente cada día.

Cuando leas la Palabra, intenta seguir estas recomendaciones: Trata de estar calmado y relajado. Ora antes de comenzar a leer, y prepara tu corazón para que Dios te hable.

Busca alguna versión en la que comprendas más fácilmente el vocabulario, y lee detenidamente el pasaje seleccionado. Marca o anota en un cuaderno los versículos o frases que te causaron más interés o curiosidad.

Medita sobre lo que leíste, y trata de aplicarlo a tu vida cotidiana.

Algunas lecciones de este pasaje:

1. La forma más cercana que tenemos de escuchar a Dios es leyendo su Palabra, ¡no la desaprovechemos!
2. Cuando tomamos la Biblia, no leamos solamente. Meditemos en ella, y procuremos saborear la dulzura de sus palabras.

Preguntas de reflexión:

¿Será que la respuesta que estás esperando de Dios ya está en su Palabra?
Cuando lees la Biblia, ¿cómo "sientes" sus palabras para tu vida? ¿Las encuentras amargas o dulces?

Mis Notas:

____

____

____

ACTIVIDAD: ¿DULCE O AMARGO?

- Materiales
- 4 recipientes.
- Miel.
- Leche condensada.
- Jugo de limón.
- Salsa picante.
- Números del 1 al 4.
- Vendas para los ojos (según la cantidad de participantes).
- Cucharas (según la cantidad de participantes).

Instrucciones

1. Se colocarán los distintos ingredientes en cada recipiente sin que los participantes los vean ni sepan qué contienen.
2. Cada recipiente estará numerado.
3. Cada participante escogerá al azar de cuál recipiente probará.

-- En este momento puedes enseñar toda la lección, si no lo hiciste antes. ---

4. Se les vendarán los ojos a todos los participantes.
5. Los líderes le darán a cada uno una cuchara con el contenido escogido, y todos deberán comer simultáneamente.

--- Luego de esta experiencia, cada participante comentará la sensación que sintió al saborear el ingrediente que le tocó, y comentará las circunstancias en su vida en las que ha percibido la Palabra de Dios de la misma manera (por ejemplo, dulce, agria, etc.) ---

NOTAS DEL CAPÍTULO 3

LECCIÓN 4:

AROMA DE VIDA

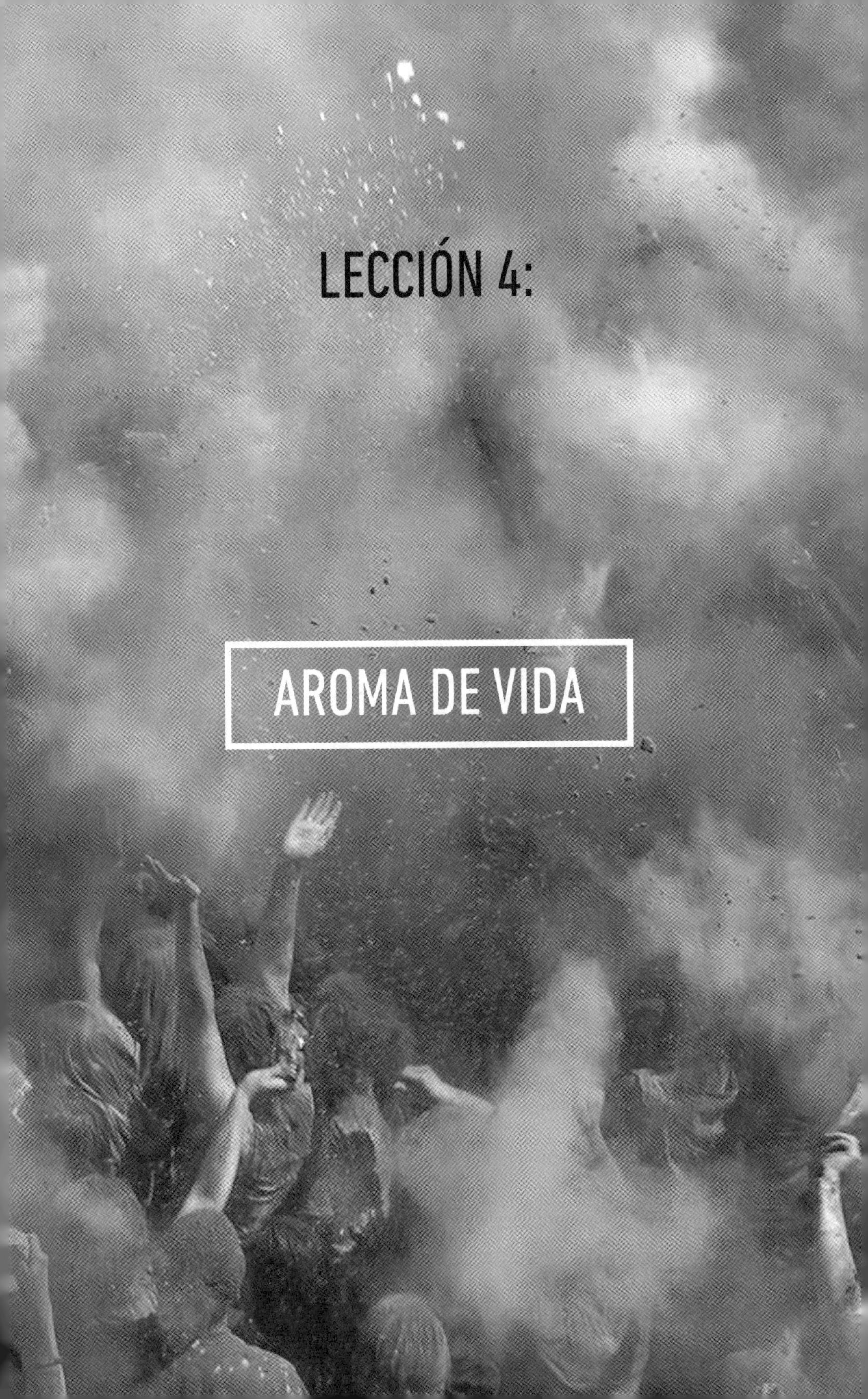

"—Quiten la piedra —ordenó Jesús.
Marta, la hermana del difunto, objetó:
—Señor, ya debe oler mal, pues lleva cuatro días allí."
Juan 11.39

"María tomó entonces como medio litro de nardo puro, que era un perfume muy caro, y lo derramó sobre los pies de Jesús, secándoselos luego con sus cabellos. Y la casa se llenó de la fragancia del perfume.
Judas Iscariote, que era uno de sus discípulos y que más tarde lo traicionaría, objetó:
—¿Por qué no se vendió este perfume, que vale muchísimo dinero, para dárselo a los pobres?
Dijo esto, no porque se interesara por los pobres sino porque era un ladrón y, como tenía a su cargo la bolsa del dinero, acostumbraba a robarse lo que echaban en ella.
—Déjala en paz —respondió Jesús—. Ella ha estado guardando este perfume para el día de mi sepultura."
Juan 12.3-7

ENSEÑANZA

Recordemos que la Biblia originalmente no estaba dividida por capítulos ni versículos, y que los autores de los evangelios escriben elaborando una historia, y no simplemente recopilando material sobre la vida de Jesús.

En esta sección vemos que Juan narra dos sucesos que al principio parecen no tener nada en común. Sin embargo, ambos están unidos por un factor interesante: el aroma. Juan detalla cuidadosamente cómo la tumba de Lázaro no debía ser abierta porque el olor a muerto es insoportable, y después cuenta cómo Jesús es ungido con un aroma delicioso en preparación para su propia muerte.

El olor de algo o alguien es un indicativo muy importante en la vida cotidiana. Demuestra salud y pureza, o descomposición y suciedad; nos da la tranquilidad de que todo está bien, o nos advierte si hay algo malo. Por ejemplo, el olor de la leche nos puede indicar si está apta para el consumo o si, por el contrario, tomarla puede hacernos mal. Además, el olor produce determinadas reacciones en nosotros. Los olores agradables nos atraen, y los olores desagradables hacen que busquemos alejarnos. Además, el olor se pega; cuando estamos mucho tiempo en cierto lugar, o con cierta persona, ese aroma se impregna en nosotros. El aroma también tiene la capacidad de producir memorias y de despertar sentimientos. El "olor a playa", el perfume de alguien que nos gusta, o el aroma a pan o a galletas recién horneadas, todos despiertan siempre algo en nosotros.

Volviendo al pasaje bíblico, en él Juan nos presenta un contraste muy marcado. En la pestilencia de Lázaro podemos ver la condición normal del ser humano. Cuando Jesús no está presente, nuestra vida huele a muerte. Y luego, en el perfume derramado a los pies de

Jesús vemos la posibilidad que tenemos en Él. ¡En su muerte hay fragancia de vida!

Algunas lecciones de este pasaje:

1. Así como el olor a putrefacción y el olor de un caro perfume son radicalmente distintos, así se presenta la posibilidad de vida que tenemos en Dios, en contraste con la posibilidad de muerte sin Él. ¡Son algo totalmente opuesto!
2. Los seres humanos dependemos totalmente de Jesús para pasar de muerte a vida. ¡Solo Él puede cambiar nuestra fragancia!

Preguntas de reflexión:

- ¿A qué ha olido tu vida hasta ahora, delante de Dios?
- ¿Cuál ha sido tu reacción ante el aroma de vida que fluye de Jesús?

Mis Notas:

ACTIVIDAD: LOS AROMAS

Materiales

- 5 perfumes distintos.
- Papel absorbente o cartón.

Instrucciones

1. Divide la clase en 2 grupos.
2. Coloca un perfume distinto en cada uno de los papeles absorbentes o cartoncitos, y entrégaselos al grupo 1.
3. Aplica los mismos perfumes a los integrantes del grupo 2.
4. Luego los miembros del grupo 1 deberán asociar a cada participante del grupo 2 con uno de los cartoncitos (el que corresponda, según el perfume que tengan puesto).

--- Cierra con las preguntas de reflexión. ---

NOTAS DEL CAPÍTULO 4

LECCIÓN 5:

UN CAMINO MÁS EXCELENTE

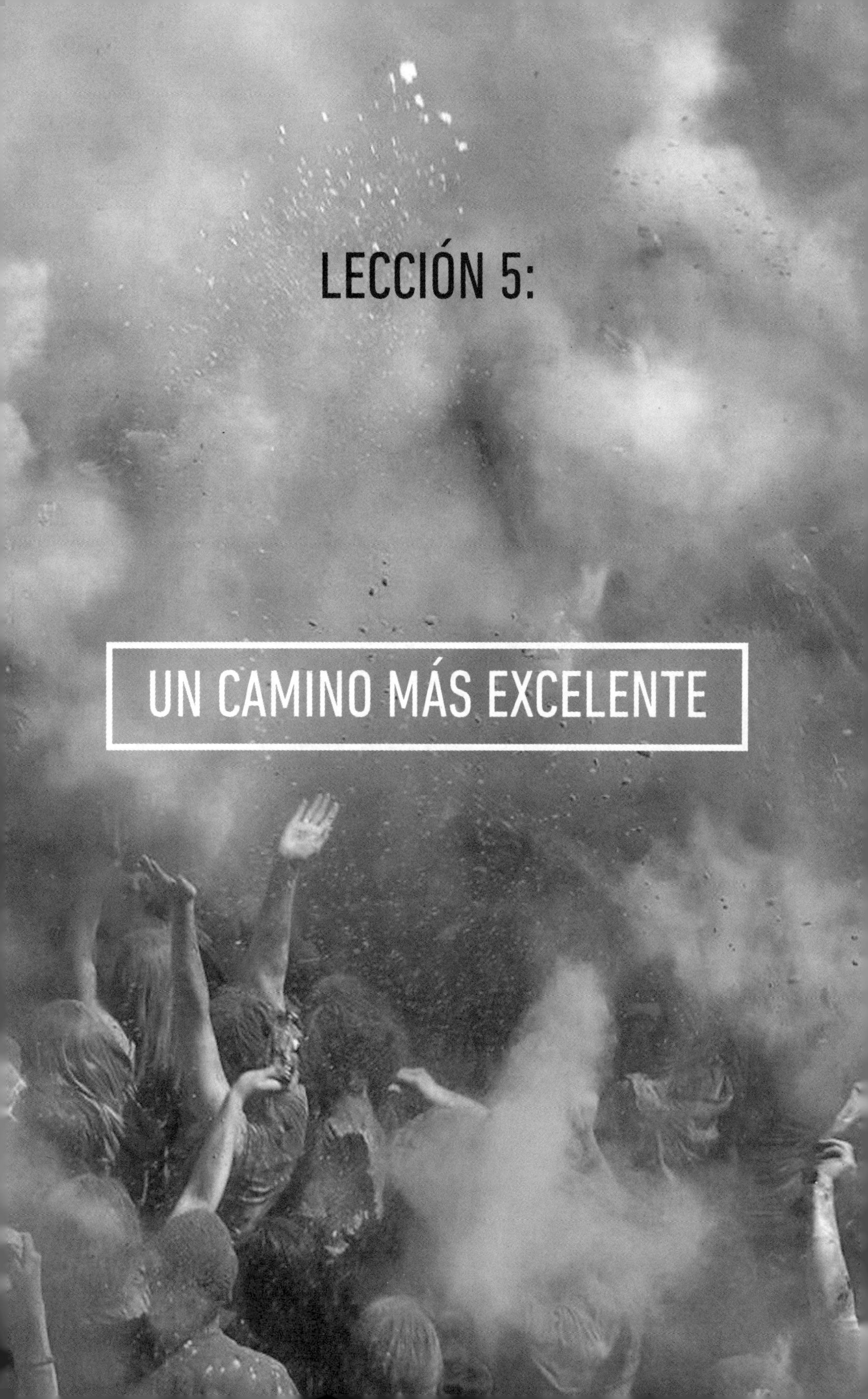

"Ustedes, por su parte, ambicionen los mejores dones. Ahora les voy a mostrar un camino más excelente. Si hablo en lenguas humanas y angelicales, pero no tengo amor, no soy más que un metal que resuena o un platillo que hace ruido. Si tengo el don de profecía y entiendo todos los misterios y poseo todo conocimiento, y si tengo una fe que logra trasladar montañas, pero me falta el amor, no soy nada. Si reparto entre los pobres todo lo que poseo, y si entrego mi cuerpo para que lo consuman las llamas, pero no tengo amor, nada gano con eso."

1 Corintios 12.31-13.3

ENSEÑANZA

Si algo tenía la iglesia de Corinto era talento. Sus miembros parecían ser muy usados por Dios, y entre ellos fluían muy fácilmente los dones espirituales ¡Y eso estaba bien! Sin embargo, Pablo, en su carta a esta iglesia, y en medio de su enseñanza acerca de los dones, abre un espacio para hablar del amor. ¿Por qué habla Pablo del amor si estaba hablando de los dones? Porque el amor es "un camino más excelente". Porque no hay mejor forma de servir a los demás, y de mostrarle al mundo el carácter de Dios, que con amor. Los seres humanos nos impresionamos fácilmente cuando vemos a una persona siendo usada por Dios; inclusive nos sentimos especiales cuando somos nosotros a quienes Dios utiliza. El problema es que muchas veces olvidamos que un don es un regalo dado por Dios solamente a través de su gracia. Por eso, debemos examinarnos constantemente y meditar sobre si estamos sirviendo con nuestros dones por amor, o no. Cuando utilizamos nuestros dones, pero sin amor, no sirve de nada. La Biblia lo describe así: como un metal que resuena o un platillo que simplemente hace ruido. ¡De nada sirve si tenemos toda la fe del mundo (incluso como para mover montañas), o si damos todo lo que tenemos a los pobres, o si tenemos toda la revelación de Dios, si nuestra motivación no es el amor!

Amar es una decisión que es necesario tomar cada día para ir desarrollando el fruto del Espíritu Santo que nos fue dado cuando creímos en Jesús. Por eso Jesús dice Mateo 7.16: "Por sus frutos los conocerán". Porque es por sus frutos que realmente se conoce a una persona. Entonces, sabremos que estamos sirviendo por amor si nuestros dones edifican a los demás, y si se puede ver el fruto de nuestro servicio. ¡Amemos!

Algunas lecciones de este pasaje:

1. La mejor forma de servir a los demás es por amor. Solamente así daremos el fruto esperado.
2. Amar es una decisión que tenemos que tomar cada día.

Preguntas de reflexión:

- ¿En qué áreas de tu servicio a Dios te gustaría ver un mayor fruto?
- ¿Cuántas buenas obras o dones has visto en la iglesia que se vuelven solamente un ruido por no tener amor? ¿Te ha sucedido a ti alguna vez esto de servir, pero sin amor?
- ¿En qué áreas de tu vida crees que deberías trabajar poniendo en práctica la decisión de amar?

Mis Notas:

____

____

____

____

____

____

ACTIVIDAD: PURO RUIDO

- Materiales
- Hojas.
- Lápiz.
- Altavoz o parlante como para reproducir música.

Instrucciones

1. Escribe 5 frases sobre buenas acciones que te gustaría realizar en tu comunidad.
2. Sienta a los participantes en círculo.
3. Busca la canción más ruidosa que conozcas y reprodúcela con el altavoz al volumen más alto posible, de tal forma que casi no se escuche tu voz.
4. Así sentados en círculo, un líder deberá leerle al participante que tiene a su derecha la primera frase en voz baja (una sola vez, y no podrá repetirla).

5. Luego cada participante deberá hacer lo mismo con su compañero de la derecha, y así hasta llegar al último.
6. El último participante deberá entonces decir en voz alta la frase que escuchó. Si no comprendió la frase completa, deberá decir lo que haya comprendido, aunque parezca gracioso o sin sentido.
7. El líder apagará el altavoz y leerá la frase original. La compararán con lo que dijo el último participante.
8. Lo mismo se hará con cada una de las frases.

--- Cierra con las preguntas de reflexión. ---

NOTAS DEL CAPÍTULO 5

LECCIÓN 6:

PREDICANDO SIN PALABRAS

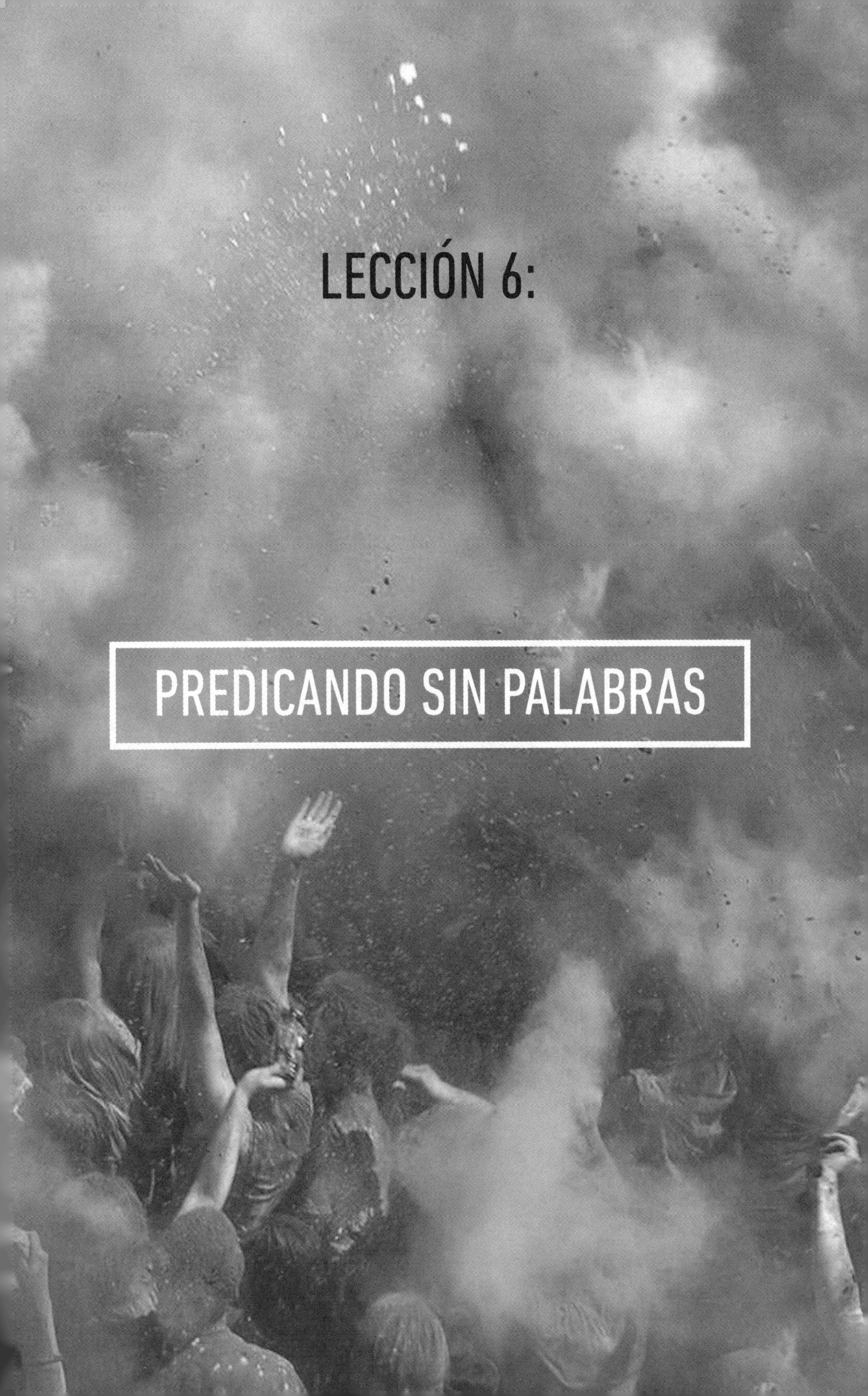

"Ustedes mismos son nuestra carta, escrita en nuestro corazón, conocida y leída por todos. Es evidente que ustedes son una carta de Cristo, expedida por nosotros, escrita no con tinta sino con el Espíritu del Dios viviente; no en tablas de piedra sino en tablas de carne, en los corazones."
2 Corintios 3.2-3

ENSEÑANZA

¿Te han escrito una carta de amor alguna vez? La incertidumbre al recibirla, la sorpresa al ver el remitente, y la mezcla de sensaciones al leer cada frase que salió del corazón de algún enamorado, todas estas son algunas de las emociones que le ponen un sabor especial a este medio de comunicación ya casi extinto.

Las cartas buscan enviar un mensaje, informar, dar una noticia, o expresar algo que el emisor desear transmitir. Y aquí vemos que Pablo, en su carta a los corintios, les dice que sus vidas son cartas que todos pueden leer. ¡Qué situación tan incómoda! ¿Te imaginas que todos pudieran saber tus pensamientos? Bueno, en realidad algo parecido sucede con nuestras vidas cuando decidimos ser hijos de Dios...

→ ¿Qué pueden leer los demás en mí?

Pablo nos enseña que cada uno de nosotros es una carta, y que el autor de esa carta es el mismísimo Espíritu de Dios escribiendo en nuestros corazones. ¡Esto significa que debemos mostrar a Cristo en nosotros! Si mi vida es una carta, entonces todas mis acciones, conductas y palabras pueden ser leídas por otros. ¡Qué gran responsabilidad, pero qué gran bendición a la vez!

→ ¡Me cuesta hablarles a otros de Jesús!

Buenas noticias: ¡A veces no es necesario hablar! Si los que te rodean pueden ver en tu vida que eres una persona que no juzga, que tiene paciencia, que sabe tratar a los demás, que es un buen amigo o amiga, y que además refleja el amor de Jesús en todo lo que hace, estarán leyendo, en definitiva, una carta tan hermosa que hará que quieran conocer más acerca de su autor. ¡Esta es una manera de predicar sin palabras!

Algunas lecciones de este pasaje:

1. Somos hijos e hijas de Dios 24/7. Por lo tanto, nuestras vidas deben dar testimonio en cada momento.
2. Para dar a conocer a Jesús no es necesario que seamos grandes predicadores. Basta con que la gente pueda verlo en nosotros.

Preguntas de reflexión:

- ¿Qué están leyendo en tu vida las personas que te conocen?
- ¿Qué deberías cambiar o mejorar en tu vida para que otros puedan ver a Jesús en ti?

Mis Notas:

ACTIVIDAD: LA CARTA

Materiales

- 1 paquete de Post-it.
- Lápices (según la cantidad de participantes).

Instrucciones

1. Cada participante deberá escribir 5 características positivas o inspiradoras que conozca del resto de los participantes.

2. Uno a uno, los participantes deberán leer en voz alta lo que escribieron, y deberán pegar esa "característica" en alguna parte del cuerpo de la persona a la que se refiere. (Por ejemplo, pueden pegar el Post-it que dice "Es generoso y siempre comparte" en sus manos.)

--- Cierra con las preguntas de reflexión. ---

NOTAS DEL CAPÍTULO 6

LECCIÓN 7:

CUIDA TU MIRADA

"El ojo es la lámpara del cuerpo. Por tanto, si tu visión es clara, todo tu ser disfrutará de la luz. Pero si tu visión está nublada, todo tu ser estará en oscuridad. Si la luz que hay en ti es oscuridad, ¡qué densa será esa oscuridad!"

Mateo 6.22-23

ENSEÑANZA

Cuando nos topamos con un pasaje que suena extraño, como este, siempre es importante leerlo en su contexto inmediato para comprender mejor a qué se refiere. Este texto se encuentra en medio de dos enseñanzas que abordan el tema de amar las riquezas, presentándolas como un dios al cual se sirve, un dios que compite por ocupar el lugar principal en nuestro corazón. Al mirarlo en su contexto, entonces, podemos concluir que el ojo bueno que aquí se menciona es el que se enfoca en Dios; mientras que el ojo malo es aquel que, producto del egoísmo y la avaricia, se enfoca en las cosas materiales. El ojo bueno llena de luz todas las áreas de nuestra vida, el ojo malo llena de oscuridad todo lo que somos.

Si analizamos lo que sucede en la actualidad, veremos cómo la cultura consumista enferma nuestra visión, nos convierte en personas obsesionadas con el éxito personal a toda costa, y cambia nuestra perspectiva de lo eterno a lo pasajero. Cuando esto sucede, nuestro corazón se inunda con la oscuridad de la ansiedad, el egoísmo y la avaricia. Una perspectiva enferma produce una persona enferma: alguien dispuesto a resignar su autorrespeto con tal de tener más "likes", alguien capaz de cosificar al sexo opuesto con tal de satisfacer sus propios deseos, una persona que cultiva en su corazón el pensamiento de que para lograr su éxito es necesario el fracaso de otros, o alguien que vive en constante insatisfacción con su vida, siempre deseando lo que otros tienen.

En un contexto tan tóxico, Dios espera que sus discípulos sean capaces de cuidar su mirada. Él anhela que lo que capture los corazones de sus hijos e hijas sea el deseo de ver el Reino de Dios en la Tierra, y no sus deseos personales. Dios busca personas que abran sus ojos a sus maravillas, y que depositen toda su confianza en Él. ¡Procuremos tener ojos sanos que permitan que la luz de Cristo inunde por completo nuestras vidas!

Algunas lecciones de este pasaje:

1. El ojo debe cuidarse para que el corazón no se nuble.
2. El ojo saludable es uno generoso; el ojo enfermo es aquel posesivo y tacaño.

Preguntas de reflexión:

¿Cómo mira el mundo un ojo sano?

¿Qué influencias de la cultura actual, o de tu contexto personal, distorsionan la forma en la que ves las cosas?

Mis Notas:

____

____

____

____

____

____

ACTIVIDAD: LA CAJA SECRETA

Materiales

- 4 cajas de cartón.
- 1 foco o linterna.
- Tijeras.
- Papel celofán.
- Cinta adhesiva.
- Cinta adhesiva de doble cara o bifaz.
- 2 cartulinas.
- 4 objetos distintos que puedan adherirse a una de las paredes internas de la caja. Por ejemplo: una llave, un cargador de celular, una galleta, o cualquier otro objeto del tamaño adecuado.

Instrucciones

1. Confecciona, con la ayuda de todos los integrantes del grupo, dos anteojos de cartulina. Uno de ellos deberá tener lentes de papel celofán, y el otro deberá tener rejillas de forma horizontal, que dificulten la visibilidad.

2. Realiza dos orificios en una de las paredes de cada caja, del tamaño adecuado como para que se pueda observar a través de ellos, pero no demasiado grandes (para que no ingrese luz).

3. Pega un objeto con la cinta de doble cara en la pared interior de cada caja. Fíjate que sea la pared opuesta a la que elegiste para hacer los orificios.

4. Sella las cajas con cinta adhesiva de forma que no pueda ingresar luz por ninguna parte.

5. Luego cada integrante deberá observar a través de los orificios de 3 maneras:

- Con los lentes de papel celofán, con poca luz. El líder deberá alumbrar los orificios con la linterna, pero moderadamente, de forma tal que no se logre ver con claridad el objeto.
- Con los lentes con rejillas, con poca luz. El líder deberá alumbrar los orificios con la linterna, pero moderadamente, de forma tal que no se logre ver con claridad el objeto.
- Sin lentes, sin luz.

6. El líder preguntará entonces a cada participante qué cree que es cada objeto, y lo irá anotando en una lista, pero sin que los demás participantes escuchen las respuestas de sus compañeros.

7. Cuando todos terminen de ver los 4 objetos de las 3 maneras posibles, el líder abrirá las cajas y alumbrará los objetos de forma directa, para que todos puedan verlos bien.

8. Entre todos comentarán lo que cada uno de los participantes creyó ver, y compararán sus respuestas.

--- Cierra con las preguntas de reflexión. ---

NOTAS DEL CAPÍTULO 7

LECCIÓN 8:

¿DE QUÉ HABLA TU BOCA?

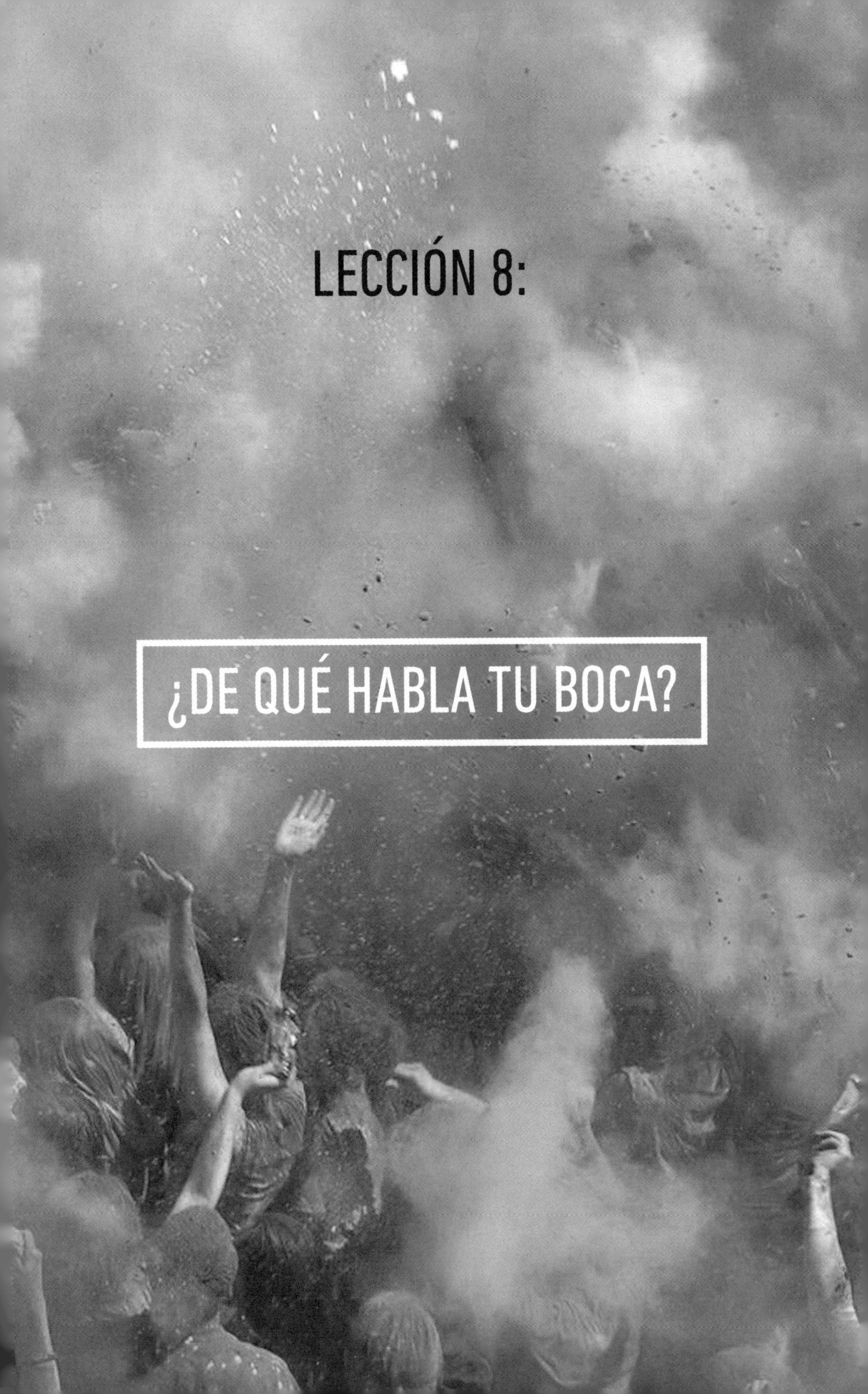

"El que es bueno, de la bondad que atesora en el corazón produce el bien; pero el que es malo, de su maldad produce el mal, porque de lo que abunda en el corazón habla la boca."
Lucas 6.45

ENSEÑANZA

¡Cuánto pueden llegar a destruir o a construir las palabras! Todos tenemos en nuestra memoria momentos en los que una palabra de aliento nos ha dado fuerzas para seguir adelante, y otros en los que las palabras se han clavado en nuestro corazón dejando grandes heridas.

Jesús nos enseña en Lucas 6.45 que las palabras no salen de nuestros labios por error. Cada una de ellas tiene un proceso de gestación que tiene inicio en el corazón de cada ser humano. Nuestra mente busca en lo profundo de nuestro corazón y, de acuerdo con lo que encuentra ahí albergado, produce cada una de nuestras palabras.

→¿Cómo puedo controlar mis palabras?

Si necesito obtener agua pura, debo primero limpiar el pozo de donde la estoy sacando. Vemos que David le pidió a Dios un corazón limpio para que de su boca pudieran salir palabras de adoración.

Esto nos enseña que debemos rendir ante Dios todo aquello que enturbia nuestro corazón, como la ira, el rencor, el odio, la falta de perdón, y el orgullo, entre muchas otras cosas que nos contaminan a diario.

Cuando tu corazón esté limpio, de tus labios saldrán palabras de amor, llenas de paciencia, bondad, misericordia y consejo sabio, para edificar y construir las vidas de aquellos que te rodean.

Algunas lecciones de este pasaje:

1. Todo lo que decimos tiene una razón de ser en lo profundo de nuestro corazón.

2. Nuestras palabras pueden edificar o destruir. Es nuestra responsabilidad llenar nuestro corazón con todo aquello que construye y no con cosas que destruyan.

Preguntas de reflexión:

- De todo lo que hablas durante el día, ¿qué porcentaje es de edificación para los que te rodean?
- ¿Hace cuánto que no haces un análisis de lo que hay en tu corazón?

Mis Notas:

ACTIVIDAD: LO PRIMERO QUE PIENSO

Materiales

- Recipiente.
- 2 hojas de papel.
- Lápiz.

Instrucciones

1. El líder escribirá en una hoja 20 palabras distintas, incluyendo verbos, adjetivos, animales, lugares y objetos.

2. Se recortarán estas palabras y se colocarán, mezcladas, dentro del recipiente.

3. Luego el líder elegirá 5 temas sencillos y los escribirá en la otra hoja (por ejemplo: "Futbol", "Bandas musicales", "Ir de compras", o cualquier otra cosa que se le ocurra).

4. La dinámica consiste en que los participantes intenten contar historias relacionadas con la temática que se escoja, pero con

un hilo narrativo continúo conformado por las palabras que se encuentran mezcladas en el recipiente.

5. Para comenzar, el primer participante escogerá al azar uno de los 5 temas escritos en el papel.

6. Luego, tomará al azar un papel del recipiente. Entonces tendrá 30 segundos para hablar sin interrupciones con la palabra que está escrita en el papel, basándose siempre en la temática escogida.

7. Al finalizar los 30 segundos, el siguiente participante deberá tomar al azar otro papel con una palabra distinta, y continuar el hilo narrativo e histórico anterior, pero utilizando la nueva palabra que seleccionó.

8. Así se continuará hasta que todos hayan participado.

--- Al finalizar la actividad se tomará un tiempo para compartir acerca de las palabras que salen de nuestros labios sin que lo pensemos antes, asociándolo también con las preguntas de reflexión. ---

NOTAS DEL CAPÍTULO 8

LECCIÓN 9:

PIELES DE CABRITO

"Isaac había llegado a viejo y se había quedado ciego. Un día llamó a Esaú, su hijo mayor.

—¡Hijo mío! —le dijo.

—Aquí estoy —le contestó Esaú.

—Como te darás cuenta, ya estoy muy viejo y en cualquier momento puedo morirme. Toma, pues, tus armas, tu arco y tus flechas, y ve al campo a cazarme algún animal. Prepárame luego un buen guiso, como a mí me gusta, y tráemelo para que me lo coma. Entonces te bendeciré antes de que muera.

Como Rebeca había estado escuchando mientras Isaac le hablaba a su hijo Esaú, en cuanto éste se fue al campo a cazar un animal para su padre, ella le dijo a su hijo Jacob:

—Según acabo de escuchar, tu padre le ha pedido a tu hermano Esaú que cace un animal y se lo traiga para hacerle un guiso como a él le gusta. También le ha prometido que antes de morirse lo va a bendecir, poniendo al Señor como testigo. Ahora bien, hijo mío, escúchame bien, y haz lo que te mando. Ve al rebaño y tráeme de allí dos de los mejores cabritos, para que yo le prepare a tu padre un guiso como a él le gusta. Tú se lo llevarás para que se lo coma, y así él te dará su bendición antes de morirse.

Pero Jacob le dijo a su madre:

—Hay un problema: mi hermano Esaú es muy velludo, y yo soy lampiño. Si mi padre me toca, se dará cuenta de que quiero engañarlo, y esto hará que me maldiga en vez de bendecirme.

—Hijo mío, ¡que esa maldición caiga sobre mí! —le contestó su madre—. Tan sólo haz lo que te pido, y ve a buscarme esos cabritos.

Jacob fue a buscar los cabritos, se los llevó a su madre, y ella preparó el guiso tal como le gustaba a su padre. Luego sacó la mejor ropa de su hijo mayor Esaú, la cual tenía en casa, y con ella vistió a su hijo menor Jacob. Con la piel de los cabritos le cubrió los brazos y la parte lampiña del cuello, y le entregó a Jacob el guiso y el pan que había preparado.

Jacob se presentó ante su padre y le dijo:

—¡Padre!

—Dime, hijo mío, ¿quién eres tú? —preguntó Isaac.

—Soy Esaú, tu primogénito —le contestó Jacob—. Ya hice todo lo que me pediste. Ven, por favor, y siéntate a comer de lo que he cazado; así podrás darme tu bendición.

Pero Isaac le preguntó a su hijo:

—¿Cómo fue que lo encontraste tan pronto, hijo mío?

—El Señor tu Dios me ayudó —respondió Jacob.

Isaac le dijo:

—Acércate, hijo mío, para que pueda tocarte y saber si de veras eres o no mi hijo Esaú.

Jacob se acercó a su padre, quien al tocarlo dijo:

—La voz es la de Jacob, pero las manos son las de Esaú.

Así que no lo reconoció, porque sus manos eran velludas como las de Esaú. Ya se disponía a bendecirlo cuando volvió a preguntarle:

—¿En serio eres mi hijo Esaú?

—Claro que sí —respondió Jacob.

Entonces su padre le dijo:

—Tráeme lo que has cazado, para que lo coma, y te daré mi bendición.

Jacob le sirvió, y su padre comió. También le llevó vino, y su padre lo bebió. Luego le dijo su padre:

—Acércate ahora, hijo mío, y dame un beso.

Jacob se acercó y lo besó. Cuando Isaac olió su ropa, lo bendijo..."

Génesis 27.1-27

ENSEÑANZA

La Biblia nos narra una impactante y triste historia acerca de dos hermanos mellizos que desde el vientre de su madre tuvieron una gran rivalidad. Esaú, el hermano mayor, era un hábil cazador, mientras que Jacob, quien había nacido aferrado al tobillo de su hermano, era más tranquilo y le gustaba estar en casa. Cuenta la historia que Isaac, su padre, había quedado ciego y estaba a punto de morir, por lo que pidió a Esaú que le cazara un animal y le preparara un guiso sabroso antes de darle la bendición que todo hijo primogénito debía recibir.

Rebeca, la esposa de Isaac, escuchó esta conversación y decidió llamar a Jacob para poner en práctica un plan malvado con el cual robarían la bendición que le pertenecía a Esaú. El plan consistía en que Jacob tomara la apariencia física de su hermano Esaú, para así engañar a su padre y lograr que lo bendiga. Como Esaú era muy velludo, Rebeca colocó pieles de cabritos en los brazos y el cuello de Jacob, además de darle la ropa de Esaú para que tuviera su aroma.

Llegado el momento, mientras este comía el guiso preparado por Rebeca, Jacob logró engañar a su padre, ya que, a pesar de que su voz casi lo delata, cuando Isaac le palpó las manos las sintió llenas de vello como las de su hermano, y cuando lo besó percibió el aroma de las ropas Esaú. Esto hizo que Isaac bendijera a su hijo Jacob, quien robó así lo que en realidad le pertenecía a su hermano.

→¿Por qué aparentamos ser lo que no somos?

Esta historia nos muestra cómo Jacob buscó encontrar valor y aceptación aparentando ser otra persona. Había una carencia en su vida que le impedía ser feliz con quien era y con lo que tenía. Muchas veces nosotros también nos ponemos "pieles de cabrito" para conseguir cosas. Así, buscamos la aceptación de amigos y familiares, aunque tengamos que disfrazarnos de algo que no somos y engañar a los demás.

Otro factor importante en esta historia es Rebeca, la madre de Jacob, quien fue la que en realidad lo instó a cometer este engaño. Por supuesto, esto no le quita responsabilidad a Jacob, ya que él podría haberse negado a llevar adelante el malvado plan de su madre. Pero lo que este detalle de la historia puede mostrarnos es que debemos tener cuidado con qué voces escuchamos en nuestras vidas. Si en nuestro círculo de amigos, por ejemplo, hay personas que nos instan a aparentar ser lo que no somos, esto debería ser para nosotros una señal de advertencia de que algo en esa relación no está bien o no es saludable.

Además, aparentar ser lo que no somos conlleva muchos peligros. Uno de los principales es que nos obliga a hacer cosas que no queremos hacer. ¿Cuál es la solución entonces? Tener clara nuestra identidad en Cristo. ¡Si Jacob hubiera tenido claro quién era, y qué era lo que Dios quería para su vida, jamás hubiera buscado tener lo que le pertenecía a su hermano!

Algunas lecciones de este pasaje:

1. Dios nos ama tal cual somos, y el amor de Dios es eterno e incondicional. (Ver Romanos 8.38-39). ¡No hay nada que podamos hacer para que Dios nos ame más, ni para que nos ame menos!
2. Cada uno de nosotros tiene un propósito especial. Cada uno es una persona única e irrepetible. ¿Por qué tratar de ser como otros?

Preguntas de reflexión:

- ¿Alguna vez has aparentado ser alguien que no eres? ¿Qué factores, internos o externos, te llevaron a eso?
- ¿Tendrás actualmente alguna "piel de cabrito" que debas quitarte?

Mis Notas:

____

____

____

____

____

ACTIVIDAD: LAS APARIENCIAS ENGAÑAN

Materiales

- Huevos sorpresa (según la cantidad de participantes).
- Pegamento.
- Plumas.
- Arena.
- Hojas de árbol.
- Paja.
- Piedras pequeñas.
- Papel crepé y papel de seda.
- Confeti.
- Chocolates, dulces, o algunos premios que sean de tamaño pequeño como para poder meterlos en los huevos.

Instrucciones

1. Forra todos los huevos, pegando los distintos materiales en su exterior.

2. Introduce en algunos de los huevos chocolates o premios, y en otros solamente confeti.

3. Forma un círculo con todos los participantes e indícales que mantengan los ojos cerrados.

4. Se irán pasando los huevos uno a uno, de modo que los participantes puedan sentir las distintas texturas, pero sin que puedan ver su apariencia ni su contenido.

5. Luego de que hayan pasado todos los huevos, cada participante deberá escoger con cuál huevo desea quedarse.

6. Se entregarán los huevos, y cada participante deberá abrir el huevo que eligió para ver su contenido.

--- Cierra con las preguntas de reflexión. ---

NOTAS DEL CAPÍTULO 9

LECCIÓN 10:

LA VOZ DEL PASTOR

"Mis ovejas oyen mi voz; yo las conozco y ellas me siguen."

Juan 10.27

ENSEÑANZA

La mayoría de nosotros hemos escuchado a otros decir que las ovejas son tontas. Pero si nos detenemos a estudiarlas más, podremos darnos cuenta de que en realidad ¡no lo son! Cuando las ovejas son nuevas en un rebaño, siguen a las demás ovejas hasta que aprenden a reconocer la voz del pastor. Y, por instinto, siempre permanecen en su rebaño para sobrevivir. Ellas saben que el pastor es quién las alimenta, las cuida y las protege. Y asocian el sonido de la voz del pastor con estos beneficios. ¡Por eso es que aprenden a distinguir su voz!

Lo mismo sucede con nosotros cuando llegamos a ser parte de la Iglesia de Cristo, de la familia de Dios. Seguimos el ejemplo de aquellos que nos han guiado a Jesús, y con el tiempo aprendemos a reconocer y escuchar su voz a través de su Palabra.

El problema es que a veces nos cuesta escuchar esa voz, principalmente cuando existen ruidos a nuestro alrededor que opacan la voz principal de nuestras vidas. Las presiones sociales (medios de comunicación, opinión de familiares, amigos, maestros, etc.), nuestros propios pensamientos negativos o erróneos, y las circunstancias difíciles que podemos atravesar (como la ruptura de una relación, la inestabilidad económica en la familia, las exigencias académicas, o los cambios a nuestro alrededor), todas estas cosas pueden alzar muy fuerte su voz, o hacer mucho ruido, y competir así con la voz de Dios, ¡que es justamente la que necesitaríamos escuchar en momentos como esos!

Por eso es tan importante que, en medio del ruido, aprendamos a detenernos para escuchar atentamente la voz de nuestro Pastor, para tener claridad, y para recibir el alimento, cuidado, y protección que solo Jesús nos puede dar.

Algunas lecciones de este pasaje:

1. Cuando permanecemos en la familia de Dios, podemos sobrevivir a aquellos momentos en los cuales nos es difícil escuchar su voz.
2. Debemos reconocer los ruidos que nos impiden escuchar claramente la voz de Dios para así poder discernirla más fácilmente.

Preguntas de reflexión:

- ¿Con cuáles beneficios asocias la voz de Jesús?
- ¿Qué ruidos hay a tu alrededor que han estado tratando de opacar la voz de Jesús?
- ¿Alguna vez te sucedió el lograr escuchar la voz de Dios pero que te cueste seguirle?

Mis Notas:

ACTIVIDAD: ESCUCHANDO AL PASTOR

Materiales

- No se requiere ningún material.

Instrucciones

1. Divide la clase en 2 grupos y acomódalos en línea recta, una fila frente a la otra.

2. Una vez acomodados, el líder dará una orden con alguna de las siguientes opciones:

- Derecha
- Izquierda
- Adelante
- Atrás
- Arriba
- Abajo

3. Los participantes deberán estar tomados de las manos y deberán seguir la instrucción dando un salto según la indicación del líder (o agachándose en caso de que diga "abajo"), pero mientras lo hacen deberán gritar la palabra contraria a la indicación del líder.

- Ejemplo 1: El líder dice: "¡Derecha!". Todos los participantes dan un salto hacia su derecha, pero al mismo tiempo gritan "¡Izquierda!"
- Ejemplo 2: El líder dice: "¡Adelante!". Todos los participantes dan un salto hacia adelante, pero al mismo tiempo gritan: "¡Atrás!"

4. Así se continuará varias veces, y se irán contabilizando puntos a favor del equipo que no se equivoque. El primer equipo que llegue a 10 puntos será el ganador.

--- Cierra con las preguntas de reflexión. ---

NOTAS DEL CAPÍTULO 10

LECCIÓN 11:

FE EN ACCIÓN

"Al momento también Jesús se dio cuenta de que de él había salido poder, así que se volvió hacia la gente y preguntó:
—¿Quién me ha tocado la ropa?
—Ves que te apretuja la gente —le contestaron sus discípulos—, y aun así preguntas: '¿Quién me ha tocado?'
Pero Jesús seguía mirando a su alrededor para ver quién lo había hecho. La mujer, sabiendo lo que le había sucedido, se acercó temblando de miedo y, arrojándose a sus pies, le confesó toda la verdad.
—¡Hija, tu fe te ha sanado! —le dijo Jesús—. Vete en paz y queda sana de tu aflicción."
Marcos 5.30-34

ENSEÑANZA

Has tenido un día agotador, y solamente quieres llegar a tu casa. Subes al autobús esperando descansar un poco durante el viaje, pero cuando levantas la mirada... ¡no hay asientos disponibles, y todo el pasillo está lleno de gente de pie! No tienes más alternativa que entrar en medio del tumulto y sentir como todos te empujan y te apretujan, haciendo de tu viaje una verdadera pesadilla.

Jesús experimentó algo similar mientras iba de camino a la casa de Jairo. En medio de esta situación, de repente sintió que salía poder de él. ¿Cómo es posible? ¿Acaso no había mucha gente necesitada de milagros que lo iba tocando a medida que él pasaba?

Sin embargo, la mujer que tocó el manto de Jesús tuvo algo especial. Esta mujer comprendió que no solamente debía creer en que Jesús la podía sanar, ¡sino que debía hacer algo con eso que creía! Ella pasó por encima de los impedimentos, las barreras, los empujones, y llegó hasta la fuente que podía proveer su milagro. ¡Y recibió sanidad!

Dios quiere que creamos, claro, pero también que accionemos, que trabajemos, que luchemos por esas cosas que amamos, para que el poder de Dios pueda encontrar una vida llena de acciones de fe para manifestarse.

Seguramente esa mujer sintió miedo, vergüenza, dudas e inseguridades, así como nosotros las sentimos a diario. ¡No existe ninguna persona en el planeta que no sienta todo esto cuando enfrenta un gran reto! Pero la diferencia está entre los que dejan que las emociones se apoderen de sus acciones, y los que las vencen con la medida de fe que Dios les ha dado. ¡Sí, aunque nuestra fe sea muy pequeña (incluso tan pequeña como una semilla de mostaza), para Dios es suficiente!

Algunas lecciones de este pasaje:

1. Nuestras acciones de fe producen la manifestación del poder de Dios.
2. Aunque la situación en nuestras vidas se vea complicada, Jesús siempre puede hacer un milagro.

Preguntas de reflexión:

- ¿Hasta dónde estás dispuesto/a a luchar por lo que anhelas?
- ¿Crees en Dios solamente con tu mente y tu corazón? ¿O también con tus acciones?

Mis Notas:

____

____

____

____

____

____

____

____

____

ACTIVIDAD: TOCANDO PRIMERO

Materiales

- Cartulina blanca.
- Lápiz.
- Unas tijeras.

Instrucciones

1. Recorta la cartulina en rectángulos del tamaño de un naipe. Deberás tener tantos rectángulos como la cantidad de participantes multiplicada por 4.

2. Escribe el nombre de cada participante en cuatro tarjetas distintas.

3. Haz que todos los participantes se sienten en círculo alrededor de una mesa.

4. Mezcla todas las tarjetas como si fuera una baraja de naipes, y reparte 4 tarjetas a cada participante.

5. Ahora comienza el juego. Todos deberán contar rápidamente y en voz alta hasta 3, y luego pasar una de las tarjetas que tienen en la mano participante que está a su derecha (boca abajo, y sin que nadie la vea). Sin detenerse y a prisa, cada participante deberá recoger la tarjeta que le dieron, volver a contar hasta 3 en voz alta, y pasar nuevamente otra tarjeta hacia la derecha.

6. Cada participante deberá ir guardando, de las tarjetas que recibe, aquellas que tengan su nombre, hasta lograr obtener las 4 tarjetas. Cuando esto suceda, deberá gritar su nombre y poner la mano en el centro de la mesa.

7. Los demás participantes deberán poner rápidamente su mano encima de la del ganador, y el último que la ponga deberá salir del juego.

8. Se continúa así hasta que quede un ganador.

--- Cierra con las preguntas de reflexión. ---

NOTAS DEL CAPÍTULO 11

LECCIÓN 12:

CONSTRUYENDO COMUNIDAD

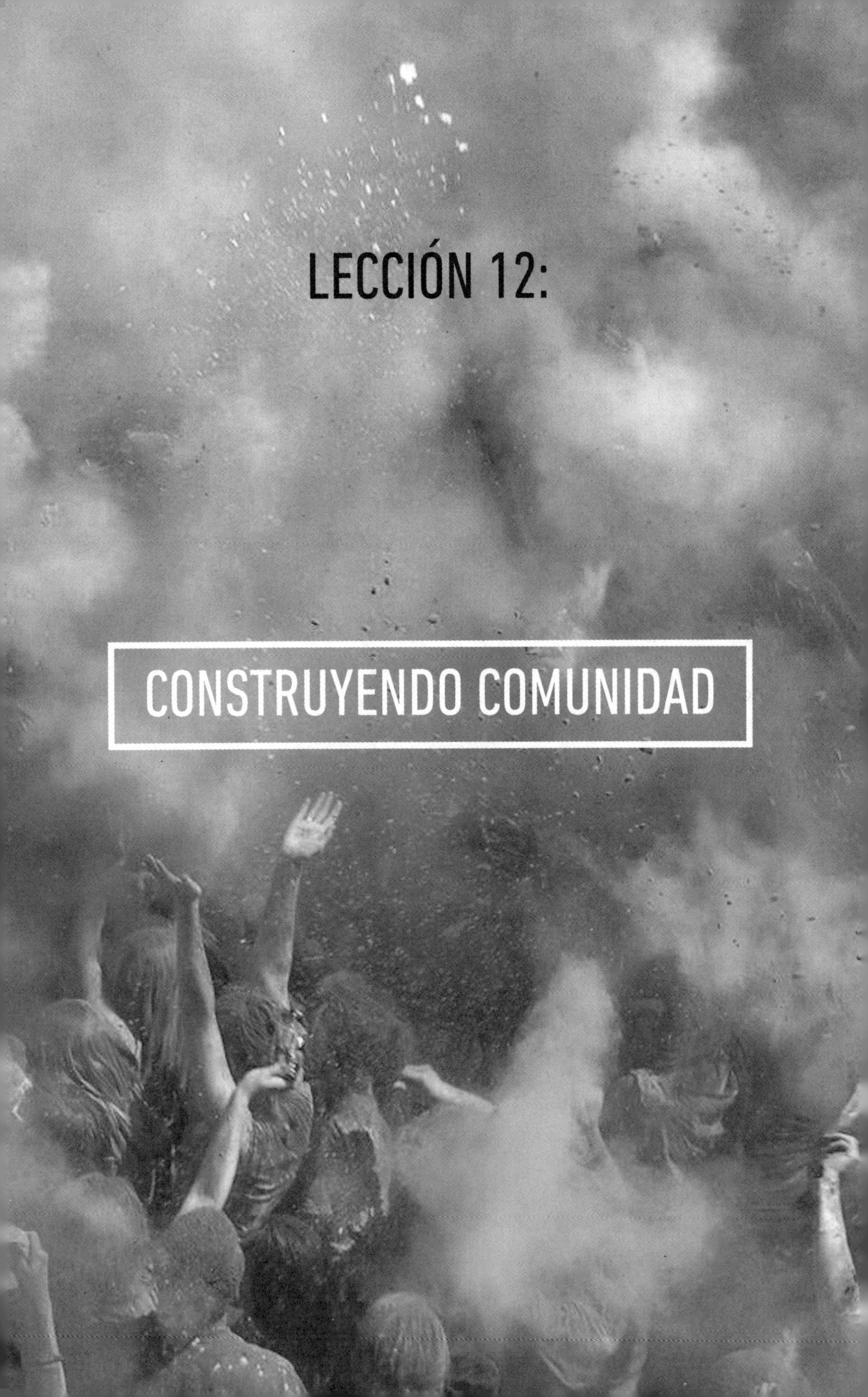

"Practiquen la hospitalidad entre ustedes sin quejarse."
1 Pedro 4.9

ENSEÑANZA

En un mundo individualista como el que nos toca vivir hoy, las personas tendemos a ser cada vez menos hospitalarias con el prójimo. El tiempo se dedica cada vez más al avance personal, y menos a conectarnos con las personas que nos rodean. En el peor de los extremos, solemos ver al prójimo como una amenaza para nuestra productividad; en el mejor de los casos, usamos a los demás para hacer avanzar nuestras metas personales, viéndolos simplemente como un recurso a nuestra disposición. Y finalmente, cuando sí llegamos a conectarnos con los que nos rodean, lo hacemos a través de una pantalla (¡incluso si estamos en la misma habitación!). Por alguna razón, pretendemos relacionarnos con otros evitando cultivar la intimidad, y conformándonos con una superficialidad que nos hace sentir más seguros.

Sin embargo, la Biblia espera que un creyente en Jesús sea hospitalario. De hecho, la hospitalidad bien puede ser vista como una disciplina espiritual, como lo es la oración, o el ayuno. Y es que tiene que ver con abrir nuestra vida a otros y atrevernos a construir una comunidad. En un sentido literal, tiene que ver con invitar a una persona a nuestra casa y tratarla de la mejor manera posible. ¡Se trata de un acto que demanda vulnerabilidad, en el que las puertas están abiertas y alguien externo tiene acceso a un "área restringida" de nuestras vidas! En un sentido más amplio, se trata una invitación a compartir nuestras vidas de manera desinteresada para bendecir al otro.

Esto incluye asumir el riesgo de descubrir si la otra persona reaccionará de manera malagradecida o incluso abusiva (por eso aclara el texto "sin quejarse"), pero siempre otorgando el beneficio de la duda al confiar en alguien más.

¿Por qué es importante todo esto? Porque la fidelidad y la ayuda mutua se cultivan a través de un ambiente de hospitalidad en el que asumimos una postura abierta hacia otros seres humanos. ¡Ese es el plan de Dios!

Algunas lecciones de este pasaje:

1. Dios espera que sus hijos e hijas seamos hospitalarios.
2. La hospitalidad demanda vulnerabilidad y confiar en el otro.

Preguntas de reflexión:

- Siempre debería haber límites saludables en toda relación. ¿Cómo puedes saber cuándo son sanos, y cuándo vician tu vida y tu relación con otros?
- ¿Qué puedes hacer cuando te muestras vulnerable, pero alguien te falla?

Mis Notas:

ACTIVIDAD: NARRACIÓN FOTOGRÁFICA

Materiales

- Los jóvenes deberían llevar impresas fotografías que respondan a las siguientes preguntas:
  - ¿Dónde veo a Dios todos los días?
  - ¿Cuáles son los retos más apremiantes que enfrento?
  - ¿Si fuera presidente por un día, ¿qué cambiaría?

  En caso de no contar con cámaras fotográficas, pueden llevar dibujos o recortes de revistas; en caso de no contar con impresora, el líder puede presentar las fotos en un monitor, un televisor, o algo por el estilo. Sin embargo, si existe la opción, es preferible la fotografía física, ya que añade un elemento importante a la hora de compartir.

- Cinta para pegar las fotografías en la pared a manera de exposición.

Instrucciones

1. Esta actividad se debe planificar con dos semanas de anticipación. Lo primero es entregar la tarea a cada persona: Simplemente deberán sacar una o varias fotografías que ilustren las preguntas listadas más arriba.

2. De ser posible, cada joven deberá llevar su/s fotografía/s impresa/s.

3. Antes de comenzar, el líder habrá escrito en una pizarra o cartel las siguientes preguntas:

- ¿Dónde veo a Dios todos los días?
- ¿Cuáles son los retos más apremiantes que enfrento?
- Si fuera presidente por un día, ¿qué cambiaría?

4. Luego el líder dirá algo como: "Hoy vamos a invitar a otros a ser parte de nuestra vida, y a su vez vamos a intentar responder de la forma más positiva posible a esa invitación."

5. En la parte que sigue, el rol del líder es muy importante. Cada joven mostrará sus fotos y compartirá con el grupo por qué las eligió o en qué manera cada una de ellas responde a las consignas dadas. El líder deberá hacer preguntas que permitan a los jóvenes extenderse un poco más, manteniendo a la vez un buen ritmo para que nadie se aburra, pero sin interrumpir. Además, deberá cuidar que reine siempre un ambiente de respeto, ya que mientras más seguros se sientan los jóvenes, más se abrirán a compartir su vida con los demás. (Esta actividad se encuentra al final de esta serie de

lecciones para permitir que se hayan afirmado las relaciones y que se haya establecido ya suficiente confianza entre los miembros del grupo como para compartir cosas más personales.) El líder deberá cuidar también que haya tiempo disponible como para que cada uno de los jóvenes pueda compartir.

6. Además del líder, los demás jóvenes podrán hacer preguntas también.

7. En caso de ser un grupo muy grande, el líder puede pedir ayuda a otros líderes para subdividir el grupo y hacer sesiones de trabajo más pequeñas e íntimas.

8. Al final pueden cerrar con una oración, guiados por los temas abordados durante la reunión. (La actividad, además, proveerá de suficientes insumos al líder como para que pueda establecer conversaciones más profundas con sus muchachos en encuentros posteriores.)

NOTAS DEL CAPÍTULO 12

BONUS

POR LUCAS LEYS

DE LA PROCLAMACIÓN A LA EDUCACIÓN

¿Te preguntaste alguna vez por qué tantas personas pasan años en una iglesia sin terminar de aprender algunas doctrinas fundamentales de la fe cristiana? Yo sí, y también le he hecho esta pregunta a muchos pastores y servidores por todo el mundo. Las respuestas más usuales que he escuchado son dos. La respuesta top suele ser que la gente escucha y no quiere obedecer y la segunda es que la gente no llega a aplicar lo que se enseña porque en muchos púlpitos de hoy se predican clichés y se repite solo lo que la gente quiere escuchar, y no lo que deberíamos predicar en profundidad... y quizás hay algo de cierto en estas respuestas... pero también me hago las siguientes preguntas: *¿Tendrá esto que ver con las intenciones? ¿Será cierto que son muy pocos los pastores o maestros que quieren enseñar lo que saben que tienen que enseñar? Y ¿Será en serio que hay tantos cristianos que no quieren aplicar en sus vidas la palabra de Dios?*

Quizás la culpa no esté exclusivamente en los pastores o maestros, y además sería injusto generalizar y quizás la culpa no sea completamente de la gente.

Quizás la culpa esté en el método.
Luego de mi segunda tanda de investigaciones acerca de la neurociencia y lo que relato en el libro "Liderazgo Generacional" comencé a trabajar en este diagrama al que llamo "el pentágono del aprendizaje":

Su propósito es ayudarnos a visualizar mejor un proceso de aprendizaje que respete la manera en que Dios equipó al cerebro para retener y asimilar nueva información y esta es la filosofía detrás de por qué con e625.com publicamos este hermoso libro.

Aquí aparecen los elementos que, según hoy se considera en pedagogía, siempre deben estar en un aula creativa y por eso me pareció importante integrar al final de estas lecciones este pentágono para facilitarnos ver el proceso ideal por el que deberíamos llevar a quienes tenemos el privilegio de discipular y por qué es tan importante la enseñanza multisensorial que proponen estas lecciones.

Trabajé en crear este pentágono porque la secuencia representada en él resume el mapa de enseñanza al que aspiran las más avanzadas universidades del mundo. Y, para sorpresa de algunos, podemos ver a Jesús usando cada una de estas instancias en el discipulado de su "ministerio a la nueva generación" con los discípulos.

PROPUESTA

Esto es lo que en la mayoría de las iglesias hacemos a través de un monólogo al que llamamos sermón o predicación. Incluso muchas clases, aunque sean en grupos más pequeños siguen este formato de clase magistral donde un maestro habla por espacio de una hora. El objetivo es explicar una verdad e inspirar a la gente a confiar en ella.

INTERACCIÓN

Hay zonas neuronales que recién se activan a partir del uso del lenguaje y por eso es necesario que quienes escuchan una clase, sermón o conferencia rápidamente puedan poner en sus palabras lo que escucharon para terminar de asimilarlo.

INVESTIGACIÓN

Los individuos inteligentes no se abren a nueva información sin asegurarse de entenderla y por eso necesitan cuestionarla.

Necesitamos saber que hay detrás de lo que se dice y aquí se hace evidente algo que vengo destacando hace años: la duda no es nuestra enemiga. La duda es necesaria para aprender y desarrollar convicciones firmes. Las nuevas generaciones necesitan cuestionar y el estudio de la palabra de Dios es una herramienta fundamental para anclar sus decisiones más allá de emociones culticas.

CREACIÓN

Todos aprendemos mejor cuando involucramos a la imaginación en el proceso y esto se hace evidente en la tarea de enseñar. Si somos sinceros, todos los maestros y predicadores hemos aprendido más compartiendo conferencias y clases que escuchando conferencias y clases.

APLICACIÓN

Es el resultado que buscamos. Que los participantes puedan planificar los principios compartidos en sus vidas y los diseñen como valores para sus decisiones cotidianas.

El gran problema que solemos tener en la gran mayoría de los ámbitos educativos cristianos es quedarnos en la proclamación de una verdad esperando que la gente llegue inmediatamente del componente uno al quinto del pentágono. Hacemos una propuesta y queremos que la gente lo aplique y obviamente eso no sucede como quisiéramos y el punto es que no lo logramos porque no estamos respetando el diseño de Dios para la asimilación de información.

Mira de nuevo el pentágono. *¿No te parece que cada parte debería poder reflejarse en la pedagogía de la Iglesia?*

Usualmente nos quedamos en el paso 1. Proclamamos. Anunciamos. Inspiramos. Y, en el mejor de los casos, explicamos lo que podemos creer y debiéramos hacer. Pero la pregunta era *¿Por qué no llegamos al paso 5?* Y la respuesta es bastante simple. La razón obvia de por qué nos cuesta tanto ver la aplicación de lo que enseñamos es que salteamos los distintos dispositivos necesarios para involucrar a todo el cerebro en el aprendizaje.

Lo que hoy la ciencia deja en claro es que el sistema nervioso, en su forma más simple, trabaja en una especie de bucle de acción. El cerebro no es un gran motor de procesamiento indiferenciado, sino que está organizado por áreas concretas responsables de determinadas funciones. Es decir, distintos tipos de estímulos y acciones son procesados y despiertan distintas áreas neuronales que hacen su trabajo para retener información y asociarla con otra, creando conocimiento.

NECESITAMOS UNA REFORMA DE FORMA Y REDESCUBRIR QUE LA TAREA DE LA IGLESIA NO SE LLEVA ADELANTE SOLO CON SERMONES Y RATOS DE ALABANZA

La posibilidad de leer las reacciones de los hemisferios izquierdo y derecho y aún el tálamo y el tronco cerebral a través de la tecnología ha ilustrado a los científicos para poder afirmar que escuchar apenas involucra algunas áreas del cerebro y deja sin uso a otras que son vitales para la creación de memorias y por ende de valores y acciones.

Mira en el pentágono las instancias 2, 3 y 4. *¿Creamos espacios para involucrar esos procedimientos de alerta y participación del cerebro con nuestros programas clásicos de enseñanza?* Deberíamos, y quizás necesitemos más que una pequeña actualización de metodologías y de hecho, esa es la urgencia de la visión holística y completa que estamos llamando "Liderazgo generacional." Esto no se reduce a hacer reuniones más creativas o renovar la estética de nuestras actividades para que venga más gente al lugar de reuniones. Necesitamos una reforma de forma y redescubrir que la tarea de la iglesia no se lleva adelante solo con sermones y ratos de alabanza sino con relaciones intencionales y espacios multisensoriales que involucren todos los sentidos porque muchas de estas instancias no se pueden dar en una actividad tradicional sino en el vínculo de una conexión personal cara a cara y dónde respetando el asombroso diseño de Dios incorporemos todos sentidos.

NOTAS FINALES

ALGUNAS PREGUNTAS QUE DEBES RESPONDER:

¿QUIÉN ESTÁ DETRÁS DE ESTE LIBRO?

Especialidades 625 es un equipo de pastores y siervos de distintos países, distintas denominaciones, distintos tamaños y estilos de iglesia que amamos a Cristo y a las nuevas generaciones.

¿DE QUÉ SE TRATA E625.COM?

e625.com

Nuestra pasión es ayudar a las familias y a las iglesias en Iberoamérica a encontrar buenos materiales y recursos para el discipulado de las nuevas generaciones y por eso nuestra página web sirve a padres, pastores, maestros y líderes en general los 365 días del año a través de **www.e625.com** con recursos gratis.

¿QUÉ ES EL SERVICIO PREMIUM?

zona de contenido PREMIUM

Además de reflexiones y materiales cortos gratis, tenemos un servicio de lecciones, series, investigaciones, libros online y recursos audiovisuales para facilitar tu tarea. Tu iglesia puede acceder con una suscripción mensual a este servicio por congregación que les permite a todos los líderes de una iglesia local, descargar materiales para compartir en equipo y hacer las copias necesarias que encuentren pertinentes para las distintas actividades de la congregación o sus familias.

¿PUEDO EQUIPARME CON USTEDES?

Sería un privilegio ayudarte y con ese objetivo existen nuestros eventos y nuestras posibilidades de educación formal. Visita **www.e625.com/Eventos** para enterarte de nuestros seminarios y convocatorias e ingresa a **www.institutoE625.com** para conocer los cursos online que ofrece el Instituto E 6.25

¿QUIERES ACTUALIZACIÓN CONTINUA?

Regístrate ya mismo a los updates de **e625.com** según sea tu arena de trabajo: Niños- Preadolescentes- Adolescentes- Jóvenes.

¡APRENDAMOS JUNTOS!

e625.com
Sé parte de la mayor COMunidad de educadores cristianos
Sigue en todas tus redes a
/e625COM

¡Suscribe a tu iglesia para descargar los mejores recursos para el discipulado de nuevas generaciones!
zona de contenido
PREMIUM
SUSCRIPCIÓN POR IGLESIAS
Libros, Revista, Audios, Lecciones, Videos, Investigaciones y más
e625.com/premium

Revista Líder 6.25
Chat en tiempo real
Suscripción de materiales premium para iglesias
Tienda con envíos internacionales
Eventos de actualización ministerial
Seminarios para iglesias locales
INSTITUTO e6 25
Educación online www.institutoe625.com
Libros Online